JN438200

그리움을 움키다

최경식 시조집

청옥

머리말

바람이 오는 곳을 아느냐
그대 마음이 오는 곳을 아느냐

인생이란 초행길
별똥별 떨어지는 광야에서
덤불길 걸을 때도,
행복한 축복의 터전에서
꽃길을 거닐 때도,
혹독한 시련 몰아치는 눈보라가
의지를 시험할 때도,
수시로 마음 움직여 변화시키는
바람의 손길을 느끼느냐

내일의 꿈이 오고
사랑이 깊어가는 그곳에서
그리움 움켜
잠시 머물렀다가는 짧은 인생을
바람결에 느껴
사무치게 고민해본 적 있느냐

산마루에 붉게 물든 노을 바라보며
기꺼이 동행하는 이여
바람이 읊는 시조 한 수에 머물러
지친 마음 쉬었다 가겠느냐

青鈺 최경식

차 례

제1부 그리움을 움키다

제2부 유월의 숲

제3부 돌부처

제4부 인연

제5부 철쭉 능선

제1부

그리움을 옮기다

그리움을 움키다

1
수평선 아득한 곳
여명에 붉은 한 점

웅비로 솟아올라
길 여는 망망대해茫茫大海

갈매기 자맥질하여
그리움을 움킨다.

2
출렁인 새벽 바다
햇귀에 물들이고

긴 밤 지새운 상념
백파로 흩어지면

드리운 파도의 그물
그리움을 후린다.

간절곶

일출로 시작하는
간절곶 아침 풍경

검푸른 물결 위에
흩뿌린 빛살조각

큼직한
느린 우체통
어떤 사연 삼켰을까

마음의 길

먼발치
미소 짓는
보고픈 그대 얼굴

휘도는 마음 여울
뭉클한 그리움아

마음이
가닿는 거리
못 오는 길 천만리

초롱꽃

외진 곳 수풀 속에
남 몰래 켜 둔 초롱

바람에 꺼질세라
온종일 애지중지

행여나
임 지나칠까
마중 나온 조바심

허브 사랑

냄새로 대신하는
다정한 위로인가

허브 향 은근하게
마음에 스며든다

라벤더
그윽한 향기
고귀한 신의 숨결

까치밥

1
새색시 부끄럽게
볼 붉은 화장하고

별처럼 반짝이며
수줍게 내민 얼굴

엄마가 시집오던 날
수줍어서 빼꼼히

2
앙상한 우듬지에
매달린 까치밥은

가진 것 모두 주는
기꺼운 헌신이다

어머니 속 깊은 사랑
반짝이네 별 되어

기다림의 마음

널 향한
그리움에
비워둔 마음자리

언제쯤
그대 올까
서성인 사립문 밖

세월은
쏜살같아서
어느새 깃든 황혼

초심初心

자만심 우쭐대니
교만이 기승부려

겉멋만 요란하고
아집만 가득하네

돌이켜
후회 없도록
마음 다잡는 초심

녹지원

햇살은 잔디밭에 한가로이 머물고
녹지원 한가운데 세월 다잡는 반송盤松
수려한 솔가지 기품 내 마음 사로잡네

소나무 사잇길로 올라간 저 언덕 위
펼쳐진 멋진 풍광 오랜 날 지킴이고
빠알간 주목나무는 많은 세월 살았네

은은한 향기 주는 그윽한 마음으로
하얀 꽃 피우면서 환하게 반겨주는
이팝 꽃 보기만 해도 배부르니 좋구나.

부석사에서

사색에 깊이 잠겨 산문에 들어서니
좌우에 삼층 석탑 범종루 앞 안양루
부처님 수행의 과정 설법하는 부석사

봉황산 절경에 든 비탈길 터를 잡은
오래된 목조건물 고색창연 무량수전
신비한 육불 부처님 합장하고 만난다.

희방사

1
가파른 첩첩산중
우렁찬 폭포 소리

황홀한 풍경 속에
땀 씻는 계곡바람

장관인 폭포수 옆에
앉아 보니 신선이다

2
목 계단 올라가니
색 곱게 웃는 단풍

사방에 멋진 풍광
눈 둘 곳 어디인가

희방사 찾아가거든
감탄사만 놔두어라

백양산 산행

걱정한 산행 날이 맑은 날 보여주니
일행들 모여들어 백양산 저 산행 길
힘들게 올라서보니 청정공기 반기네

정상이 여기로다 금강산도 식후경
도시락 진수성찬 행복이 따로 없어
발아래 도시생활의 각박함을 잊는다

청솔이 우거진 곳 산새도 지저귀고
마음도 단풍드는 산행 길 알록달록
백양산 내려오는 길 가을햇살 짧구나

첫사랑이 보고파

임이야
떠나가도
파도에 새긴 마음

하세월
흘러가도
머문 곳 그대로다

사랑아
그대 그 이름
동백섬에 새겼다

나비의 꿈

알에서 깨어나면
초록빛 갉아먹고

고치 속 번데기로
비상을 꿈꾸다가

등껍질 터져 벗는 날
날개 펼쳐 날으리라

능소화

담장 위 다소곳이
애절한 눈빛 밝혀

하예진* 간직한 채
기다린 마음이여

임께서 오기까지는
접지 못할 간절함

* 하예진: 하늘처럼 높은 뜻과 예쁜 마음을 지닌

매미의 한恨

땅 속에 파고들어
버티던 7년 세월

몇 번을 허물 벗던
고통스런 숙명인가

한 달만
살다가기엔
너무 설워 맴 맴 맴

새벽 비

잠결에 쏟아진 비
그대의 목소린가

정겨운 두런거림
살포시 안겨든다

어젯밤
꿈에 두고 온
그리움만 후드득

불면不眠

깊은 밤 잠 못 들어
상념만 어지럽고

부스럭 뒤척임에
잡생각 두서없다

숫자를 거꾸로 세면
자꾸 느는 양 떼들

연등燃燈

연등에 소원 담고
온 누리 밝힌 자비

참회로 업장소멸
피안의 발현이다

중생을 구제하시려
오시는 길 밝힌다

뒤안길

한 생을 짐 지고 온
지치고 부르튼 발

안락한 삶을 찾아
세월을 떠돌았네

인생길 뚜벅이 걸음
내리막 길 앞에 섰다

항아리 소품

– 포옹 –

풍경 속
무인카페
항아리 올망졸망

소품에 담긴 속뜻
해석도 분분하다

구멍 난
마음 덧붙여
어부바한 항아리

갑질 꼴값

꼴불견 잘난 맛에
배려는 안중 없고

억지는 무지막지
꼴값에 치 떨리오

무조건
남 탓하다가
강자 앞엔 깨개갱

제2부

유월의 숲

유월의 숲

오솔길 작은 들꽃
푸른 숲 품에 안겨

잠시의 여유만끽
마음엔 웃음꽃이

초여름
이른 무더위
피할 곳이 여기다

연화리 갈매기

푸르른
너른 바다
물고기 삶의 터에

눈여겨 호시탐탐
갈매기 곤두박질

만물이
혼신을 다해
살아남는 경쟁 중

개나리 꽃

노오란 향기 있는
정주는 고운 색깔

하늘거리는 손짓
눈 속에 아롱 거려

새봄에
늘 찾아 가는
그대 같은 예쁜 꽃

부산 찬가

떠오른 붉은 한 점
오륙도 눈부시고

장엄을
연출하는
다대포 붉은 노을

불 밝힌 광안대교는
부산 시민 자존심

산책로

조급함 내려놓고
풍경 속 걷노라니

바람이
땀 식히고
풀냄새 상쾌하다

가파른
돌계단 옆에
수줍게 핀 제비꽃

금정산 오르며

완만한
오르막길
가쁜 숨 몰아쉬니

고당봉 저만치서
어서 오라 손짓하네

금정산
싱싱한 허파로
맑은 숨결 내쉰다.

온천동 조방낙지

– 원조 50년 전통 –

어울린
환상궁합
입소문 조방낙지

오십 년 입맛 지킨
온천동 맛 집 여기

원조元祖의
대물림 비법
맛과 영양 으뜸이다

동방명주

중국의
근대화를
상징한 자랑거리

휘황한 야간 조명
옥구슬 광채로다

일컬어
동양의 진주
관광명소 걸맞네.

벚꽃 만감萬感

화사한 벚꽃터널
청춘의 계절인가

꽃비가 흩날리니
인생이 무상하다

어이해 벚꽃 향기는
이내 마음 맴도나

성지곡 공원

빽빽한 편백나무
내뿜는 피톤치드

백조가 노니는 곳
수원지 넉넉한 품

가파른 산책길 걸어
청청 공기 마신다.

원각사 차茶밭

새의 혀 닮은 찻잎
지저귐 파릇하다

정성껏 찻잎 덖어
우려낸 깊은 차향

차 한 잔 마음 덥히니
무념무상 하심下心이다

능소화

임 향한 극진한 맘
밤비에 흠뻑 젖어

머금은 눈물방울
아련한 너의 자태

정녕코 임의 품안에
잠들 날이 언젠가

개똥참외

풀숲에 개똥참외
노랗게 잘 익었네

그 누가 심었을까
씨 뿌린 기억 없다

그믐밤 몰래 실례한
거름더미가 범인

벌초

묘소에 당도하니
세월만 웃자랐다

예초기 쉴 틈 없이
정성껏 봉분단장

이어온
핏줄의 내력
조상께서 웃는다.

간절곶 빈 의자

간절곶 갯바람에
휑하니 뚫린 가슴

비워진 의자에는
그리움 홀로 앉네

기다린
변치 않는 맘
밀려올까 파도로

사모곡思母曲

이마에 주름살을
그 누가 깊게 팠소

서리 내린 머리카락
언제쯤 심어놨소

어머니
쪼그라든 몸
눈물 흘러 못 보오.

인연 서설

눈치껏 살핀다고
네 마음 전부 알까

헤아리지 못하니
이별 잦은 세상사

실타래
뒤엉킨 인연
풀다보니 한세월

바닷속 비경(제주도)

바닷속
잠수함이
물고기 희롱하니

황홀경 다른 세상
처음 본 비경일세

신비한
새로운 경험
어른어른 바닷속

재벌가家의 사과문

눈물로 연기하는
간교한 거짓 반성

또 다시 속아줄까
국민을 우롱한 죄

들통 난 악어의 눈물
속 보이는 얕은 꾀

새벽 잔상殘像

나 홀로 바라보는
동 트는 바다 저편

마음에 물결 이니
찰랑이는 그리움

불어 온
저 바람 한 점
네 숨결로 스친다

봉숭아

두둥실 부픈 사랑
언제쯤 터질 런지

손꼽아 기다리는
호기심 꽃물 드네

봉숭아
씨방 터지는 날
시집간 누이 올까

외 바위 외솔

1
망연히 바라본다
인연을 지켜 온 곳

파도를 받아주는
외 바위 우뚝하다

대본리* 지켜 주려는
변함없는 수호신

2
억겁의 인연 엮어
밀려드는 잔물결

아득한 망망대해
떠돌다 이제 오나

반기는 외바위 외솔
발밑에 포말이 인다.

* 경주시 감포읍 대본리는 일출 때 바닷가 외 바위에 선 외솔의 모습을 담으려는 사진 애호가들의 명소이다.

제3부

돌부처

돌부처

온화한 미소 품고
굽어본 경주 남산

끝없는 묵언수행
이겨낸 세월풍파

해탈한
표정 짓는데
천년세월 걸렸다

광안리 불꽃축제

허공에
솟아올라
만개한 불꽃 향연

웅장한 광안대교
밤하늘 휘황하다

혼불로
밤하늘에서
폭발하는 찬란함

접시꽃

봉긋한 꽃봉오리
우아한 미소로 만발

순정한 네 모습에
5월이 환히 빛나

풍요한
사랑의 기쁨
올망졸망 매달렸다

태권도

태권도 수련하니
건강한 몸과 마음

체력을 바탕 삼아
인의예지 익히니

세계가 배우려 하는
대한민국 국기國技다

한가위

천리도
한달음 길
반가운 혈육의 정

조상님 은덕 빚고
추억으로 도란도란

행복이
보름달로 떠
환해지는 이 마음

황과수 폭포 (중국)

굉음을
울리면서
폭포수 쏟아지니

물안개 피어올라
무지개 선명하다

인간은
넘볼 수 없는
자연이 만든 걸작

코스모스

햇살에 알록달록
바람에 살랑살랑

고운 색 피워놓고
하늘거리는 마음

그대의
미소 닮은 꽃
가냘픈 아름다움

몽돌해변 (욕지도)

생김새 각양각색
어울려 동글동글

아담한 몽돌해변
파도가 연주자다

까르르
자지러지는
앙증맞은 몽돌들

동행

손잡아
함께 가니
정겨운 나그네 길

힘겨움 나눠 들고
내딛는 인생 여정

동행한
희로애락에
지루할 틈 없구나

안식처

세상사 풍파 많고
인간사 분란 많아

몽근짐 벗어둘 곳
안식처 어드메뇨

확실한
마음의 쉼터
아늑한 네 마음 곁

장독대

힘들 땐 눈물단지
기쁠 땐 웃음단지

감정의 기복 속에
한 생이 익어가네

맵고 짠
세상살이 맛
숙성시켜 깊은 맛

대화의 품격

나쁜 말 악연 짓고
좋은 말로 평생친구

충고는 새겨듣고
비난은 흘려듣고

대화는 마음의 통로
말 한마디 업業 짓네

연리지 마음

두 몸이 하나 되어
맞닿은 마음일세

서로가 의지하니
정겨운 더부살이

사랑은
부족함 채워
온전하게 품는 일

동창생

오랜 정 나누자니
웃음꽃 활짝 피고

술잔을 앞에 두니
행복이 안주라네

철부지
어릴 때 친구
다시 보니 반갑다

운무雲霧

희뿌연 운무 속에
잡힐 듯 그대 모습

애타는 마음속에
보일 듯 숨바꼭질

자욱한 물안개처럼
알 수 없는 네 마음

달맞이 꽃

저물어 보이지 않는
강물 위 사뿐사뿐

물결 위 부서지는
달빛만 휘영하다

강둑에
애처롭게 핀
달맞이 꽃 곱구나

억새 꽃

여윈 손 흔들어도
그리움 대답 없고

들녘에 은빛 물결
가을이 출렁인다

억세게 버텨온 한 생
살풀이춤 한바탕

인생 항로

마음을
갈고닦는
수양은 멀리하고

외길의 짧은 인생
덧없이 허비하랴

수시로
마음 비우니
인생 항로 보인다.

들꽃 향기

은근한 매력으로
마음을 사로잡고

수수한 미소 속에
향기로움 감췄네

나서서
뽐내지 않는
들꽃들의 겸손함

삶

인생이 무엇인지
정답은 따로 없다

막히면 돌아가고
힘들면 쉬어가리

억지로
잡아끈다고
행복이 뒤따를까

아랫목

들판은 황량하고
한풍은 매몰찬데

그 누가 곁에 있어
따스한 위로될까

불 지핀
마음의 아궁이
아랫목이 뜨끈하다.

보고픔

마음결 어루만져
곱새긴 너의 모습

그립다 생각하니
마음이 먼저 젖네

추억의
빗장을 여니
설레는 맘 여전하다

제4부

인연

인연

옷깃에 스친 인연
필연에 정이 들어

우직한 믿음으로
긴 세월 곰삭히니

천천히
발효된 사랑
인연자리 펼친다

송년 낙조

해거름 바삐 좇아
한 해가 저무누나

마지막 해넘이에
불태운 묵은 소원

내일은
새로운 희망
해돋이로 만나리

개밥바라기 별

캄캄한 밤하늘에
반짝이던 은하수

하나둘 별빛 끄고
서둘러 잠드는데

창문에
비친 별 하나
내 품으로 안긴다

잠 못 드는 밤

이 생각 저 생각에
잠 오지 아니하고

뒤척여 온갖 궁리
상념만 깊어진다

고요한
마음 헤집는
난데없는 불청객

그대 그리고 나

취미를 공유하니
샘솟는 기쁨으로

깊은 정 새록새록
행복은 덤이로다

너와 나
함께한 시간
일기장에 고스란히

늦잠

동녘이 밝아오니
커튼도 무용지물

햇살이 기웃거려
창문 틈 파고든다

침대에
어기적대다
잔소리에 부시시

시조 탐구

인생을 즐기자면
취미가 필수이다

문학에 뜻을 두어
시조에 쏟은 노력

운율에 마음 띄우고
삶의 의미 찾노라

겨울 동화

동장군 거동하니
꼼짝없는 포로 신세

아랫목 옹기종기
정겹던 자리다툼

그리운
유년의 겨울
추억까지 따스하다

보이차 한 잔

보이차
한 모금에
번지는 따사로움

눈 감고 음미하니
감도는 깊은 향취

찻잔에
다시 채우는
우린 정 그윽하다

입춘

설쳐대던 동장군
등등한 기세 꺾여

따스한 입맞춤에
맥없이 물러나네

한파도
봄 햇살 앞에
힘 못 쓰고 퇴각 중

애증의 그림자

아픔에 흘린 눈물
말없이 떠난 그대

선연히 남긴 상흔
기억이 놓지 않네

알량한 작은 자존심
다 녹일 수 없는가

사랑한 마음들은
그대로 그 자리에

서글픔 밀려오면
별처럼 반짝이고

그리운 이내 마음엔
독백만 무성하다

세월아 너만 가라

세월아 너만 가라
내 인생 할일 남아

못 다한 사랑하니
붙잡지 말고 가라

이제는
남은 세월을
기쁨 찾아 살련다

돌탑

그대와 인연 맺어
돌탑에 담은 소원

시린 손 호호 불며
마음도 쌓았건만

아련한
기억 저 편에
홀로 남은 사랑탑

이별 방정식

의도하지 않았지만 은연중 가시 돋아
사소한 오해 끝에 서로가 상처 입고
등 돌린 이별 앞에서 정처 없는 마음 뿐

긴 세월 쌓은 믿음 일순간 무너지니
앞세운 성격차이 누구를 탓하리오
함부로 쏟아낸 비판 이제 그만 내 탓이오

옷의 조건

1
몸에 옷 맞춰야지
옷에 몸을 맞추랴

적합한 옷차림은
일상 속 생활예절

마땅한 격식에 맞춘
옷이 날개라 하네

2
일터엔 작업복을
모임엔 단정한 옷

민망한 옷차림은
시선은 둘 곳 없다

자신을 표현하는 옷
때와 장소 가려라

관심의 척도尺度

관심으로 살피면
네 마음 읽혀지니

극진한 보살핌에
믿음도 깊어진다

가만히 바라만 봐도
곱게 피는 사랑 꽃

비움의 이치

새벽녘 호숫가에
초록빛 우산 펼친

연잎 위 물방울들
고이면 비워지네

넘치게
마음에 고인
번민까지 비운다

봄 산행

어디를 둘러봐도
싱그런 초록이여

발길을 내딛으면
지천인 꽃의 향연

설레는
봄날 산행에
피곤한 줄 모른다

새벽비

나직한 빗소리에
선잠 깨 창 밖 본다

외로움 다가오니
불현 듯 그대 생각

꿈속에
잠깐 본 얼굴
파문으로 번진다

낙엽

휑하니 부는 대로
몸 맡긴 낙엽비행

살포시 내려앉아
가을볕 쬐는 시간

다시 또
찾아오렴아
약속 두고 저만치

통나무집 카페

안개비 자욱해서
숲속 길 어슴푸레

통나무집 카페가
풍경화로 섰구나

내 맘도
낭만에 젖어
커피 향에 취한다

연서리꽃

풀잎에 핀 서리꽃
해 뜨면 사라져도

마지막 사랑으로
피워낸 아름다움

일순간
머물다 떠날
연서리꽃 무상함

제5부

철쭉 능선

철쭉 능선

봄바람 살랑대니
웃음만개 철쭉능선

꽃향기 날 반기니
발길도 가볍구나

네 모습
사진에 담아
적적할 때 보리라

새벽 산책

추억을 떠올리며
오솔길 걷다보니

꽃잎에 맺힌 이슬
햇살에 영롱하다

아련한
기억 저 멀리
방울방울 그리움

나목裸木

가진 것 다 버리고
들녘에 혈혈단신

한여름 펼친 그늘
농부의 쉼터건 만

북풍에
몸뚱이 맡겨
후려 맞는 회초리

기다림의 마음

창문을 두드리는
빗소리에 잠이 깨어

창문을 열어보니
창살에 걸린 마음

그리운
그대 생각을
빗줄기로 그려 본다

넝쿨장미

붉은 맘 보이려고
담장을 타고 넘어

활짝 웃는 미소는
사랑을 잡고 있다

그 사랑
맺어 가려고
가시 돋친 빨간 정

시

손쉽게
그냥 오나
저 거리 찾아가며

순간 것
기록하여
내 재산 만들면서

그 노력
열정 생겨야
빛을 내는 시 발견

금붕어

떨면서
움직이며
입술을 살짝 붙이고

눈감은
붉은 화색
얼마나 감동일까

항아리
편안한 자리
기쁨 주는 그 시간

아침

바다에
붉은 빛깔
물들은 저 모습

생기를
불어 넣어
희망이 생기면서

심호흡
한 번 하면서
기다리는 내 사랑

비 오는 아침

한 줄기
내리는 날
고독과 씨름 하며

빗방울
인연으로
그리움 달래가니

그대의
스친 흔적은
보고픔만 쌓이네

파도

말없이 밀려오는
수평선 물안개들

시선을 끌어내는
곡예사 닮아 있고

백사장 찾아온 사랑
하얀 포말은 춤춘다

달빛

캄캄한 언덕 위에
어슬렁거리는 빛

고운 임 따라오니
외롭지 않는 그림자

영원히 변치 않는 건
항상 옆에 있는 임

접시꽃

고샅길 여기저기
선홍빛 선연하고

풍만한 몸맵시엔
그리움 올망졸망

오뉴월 햇살을 품은
새색시가 수줍어

민들레 꽃

무심코 눌러 앉아
정붙여 터전 삼고

어떠한 악조건도
이겨낸 생의 투지

꽃 진 후 홑씨로 날린
억척스런 생명력

지리산 천왕봉

펼쳐진 봉우리들
지리산의 자부심

계곡은 청정하고
사방이 천혜 비경

통천문 하늘을 여니
천왕봉이 반긴다

연꽃

혼탁한 마음속에
꽃 피니 이제염오離諸染汚

번민을 비우노니
수심愁心이 간 곳 없다

온화한
염화미소에
시나브로 번진 향기

목련

엄동에 묵상하며
지켜온 순정으로

조신하게 몸 열어
내보인 하얀 속살

수줍던
우아한 미소
소담스레 피었다

넝쿨장미

요염이 휘늘어져
눈길 끈 넝쿨장미

아찔한 매력 발산
만발한 아름다움

담장 위 흐드러지게
피어난 붉은 정염

습작

한밤을 꼬박 새도
시상詩想은 부질없고

고쳐 쓴 생각들은
뒤엉켜 나뒹군다

애써도
제자리걸음
늘어난 건 한숨뿐

청옥문학

- 각인하다 -

묵묵히
자리 지켜
엮어낸 문우의 연緣

십여 년 문학의 길
배움은 끝이 없다

추호도
흔들림 없이
청옥문학 영원히

최경식 시조집
그리움을 움키다

인쇄일: 2020년 5월 27일
발행일: 2020년 6월 1일

지은이: 최경식
펴낸이: 최경식
펴낸곳: 도서출판 청옥문학사
인쇄처: 세종문화사

등록번호 제10-11-05호
E-mail: sik620@hanmail.net
전화: 051-517-6068

값 12,000원

ISBN 978-89-97805-94-5 03810

이 도서의 국립중앙도서관 출판예정도서목록(cip)은 서지정보유통지원시스템 홈페이지(http://seoji.nl.go.kr)와 국가자료공동목록시스템(http://www.nl.go.kr/kolisnet)에서 이용하실 수 있습니다.(cip2020021247)

* 이번 작품을 창작하는데는 한국예술인복지재단 2019년도 창작지원금을 통해서 도움을 주셨습니다.